Løft Troens Skjold

Carrie Lynne Lautrup

ISBN: 9788771882667

Forlag: Books on Demand GmbH, København, DK

Tryk: Books on Demand GmbH, Norderstedt, DE

Bibelteksten er fra *Biblelen på hverdagsdansk*,
Forlaget Scandinavia. 3. udgave, 2. oplag 2008,
medmindre andet er angivet.

At tro, det er at lægge
sig ned ved korsets fod
og begge arme strække
vor Herre Krist imod.

At tro, det er at slippe
sin egen herlighed
og fly til nådens klippe,
til Jesu kærlighed.

At tro, det er at bygge
sit liv på Herrens ord
og søge fred og lykke
kun der, hvor Jesus bor.

At tro, det er at hvile
på hans fuldbragte værk,
ad døden kunne smile,
i sorg at være stærk.

At tro, det er at takke;
Guds vej er nådens vej,
går stejlt det op ad bakke,
Gudsbarnet klager ej.

At tro, det er at tage
sin frelser fast i hånd
og vandre alle dage
vejledet af Guds ånd

Emilie Thorup. Præstedatter. (1857- 1890).
I De Unges Sangbog, 1949.

Indhold

Indledning:
Alle ved, hvad tro er
(undtagen mig)

Tro er fast tillid til det, der håbes på, overbevisning om det, der ikke ses.

Hebr 11,1[1]

Ordene har jeg hørt citeret gang på gang. De andre smiler, når de siger det, og nikker indforstået til hinanden.

Men mig? Totalt blank. Selvom jeg har læst Bibelen igennem mange gange. Selv om jeg er en type, der læser mange bøger om måneden og studerer ting til bunds. Jeg er højtuddannet og belæst. Jeg underviser i kirken og i tværkirkelige sammenhænge. Jeg kender Bibelen. Men her sidder jeg fast.

"Fast tillid til det, der håbes på." Øh … ???

"Overbevisning om det, der ikke ses."

Jeg prøver på at se troen for mig – hvordan den leves ud, hvordan jeg ved, om jeg har tro, og om troen er i mig. Baseret altså på dette skriftsted. Fast tillid til det, der håbes på. Overbevisning om det, der ikke ses. Men det er, som om der er for

---

[1] Den autoriserede oversættelse, © Det Danske Bibelselskab 1992.

mange ord, som ikke hænger sammen i én og samme sætning. Tillid til – håbes på ...

Håbløst.

Så sagde jeg det til min cellegruppe, hvor vi mødes og drøfter livet med Gud hver uge. "Hvad er tro?" spurgte jeg. Da vi læste skriftstedet fra Hebræerbrevet, indrømmede jeg over for alle: Jeg har aldrig forstået det vers.

"For mig er det sådan, at jeg ved, at jeg ved, at jeg ved," indskød en af de mere modne kristne i gruppen. Jeg bliver nærmest misundelig. Hvis jeg bare havde det sådan. Jeg har ikke den følelse. Jeg kan ikke genkende at vide, at jeg ved, at jeg ved.

Når jeg prøver på at se det for mig, ved jeg, at jeg bare bliver overdænget af alle de argumenter, der kommer, når jeg tænker mig frem til noget. De videnskabelige argumenter og diskussioner, jeg har haft gennem årene. Udviklingslæren. Hvad med, når folk ikke bliver helbredt...? Det er mere ødelæggende for min "tro" end opbyggende. Og så er jeg frustreret igen.

Derfor satte jeg mig for at undersøge, hvad Biblen siger om tro, og hvad det egentlig er, Gud mener, når han skriver gennem Apollos[2], "Uden tro er det umuligt at behage ham" (Hebr 11,6).

---

[2] Man ved ikke, hvem, der skrev Hebræerbrevet, men ifølge Biblen på hverdagsdansk regner mange med, at det er Apollos. Dog er Barnabas og andre også blevet foreslået. (NT, p.325)

I min søgen har jeg fundet mange svar, og jeg følte, at de måske kunne hjælpe andre. Derfor dette lille hæfte.

Jeg håber, det velsigner dig.

Hvordan, man læser dette hæfte

Dette hæfte er ikke tænkt som en bog, man læser for sig selv. Det er tænkt som en ven for din bibel. Det er tænkt som en læsekammerat, som læses parallelt med din bibel. Så tag din bibel i hånden, og sæt dig til rette.

Teksten vil ikke nødvendigvis flyde som en roman. Den har karakter af strøtanker, som er knyttet sammen med teksten fra Biblen. Nogle kapitler er meget korte, nogle er ret lange. Vær tålmodig, og lad dig føre ind i tankerne. Tag imod det, som Helligånden viser dig og lad det, som virker for fjernt, ligge.

Formålet er at stimulere tankerne, ikke at præsentere doktrin eller sandhed. Derfor er der også spørgsmål til eftertanke efter hvert kapitel.

Og det ultimative mål er, at du vokser i troen. For uden tro ... uden tro har man intet.

Må du blive stærk i troen.

Til sidst vil jeg minde jer om at hente styrke fra Herren og hans vældige kraft. Ifør jer hele Guds rustning, så I kan forsvare jer mod Satans lumske angreb. Den kamp, vi står i, er jo ikke mod mennesker, men imod åndelige magter, autoriteter og herskere i denne mørke verden, mod en hær af onde ånder i himmelrummet.

Derfor skal I tage hele Guds rustning på, så I kan forsvare jer imod den Ondes angreb og stå fast, indtil alle angrebene er overstået. Spænd sandheden som bælte om livet. Tag ret levevis på som brynje og budskabet om fred som støvler, så I kan stå fast. Løft troens skjold, som I kan bruge til at stoppe Satans brændende pile. Tag frelsens hjelm på og forsvar jer med Åndens sværd, som er Guds ord. Vær altid i bøn til Gud under Åndens inspiration, hvad enten det er forbøn eller bøn om hjælp. Vær udholdende og årvågne, når I beder for alle dem, der hører Kristus til.

Ef 6, 10-18

Kap. 1
Hvad er tro?

Hvad er tro? Tro er grundlaget for vores håb, en overbevisning om ting, der ikke kan ses.

Hebr 11,1

Dette er så verset, som har været så problematisk. Forfatteren skriver "Hvad er tro?" og så er svaret umiddelbart det, jeg ikke forstår. Jeg mener, at de eksempler, han giver senere i brevet fortæller os, hvad det betyder, mere end selve svaret, der bliver givet i dette vers. Men da jeg læste det i denne omgang i *Biblen på hverdagsdansk,* faldt jeg over noten, som refererer til verset:

Kan også oversættes "Troen gør det, som ikke kan ses, til en synlig realitet." Der er muligvis tale om, at en usynlig, åndelig virkelighed bliver synlig ved troen. På den måde får den usynlige tro konsekvenser i den synlige, fysiske verden som i vers 3 og 7 samt flere andre steder i kapitlet."[3]

Noten blæste mig faktisk lidt omkuld, så at sige. Måske er det ikke en definition, men indledningen til hele kapitlet. Måske er de få ord, som skrives efter spørgsmålet ikke et svar som sådan, men bare en appetitvækker?

---

[3] Bibelen på hverdagsdansk, NT s 337.

Nu overvejede jeg lige et øjeblik. Hvem er det, brevet henvender sig til? Måske er der en forforståelse, jeg har misset. Jeg læser lige indledningen til brevet[4], og jeg finder ud af, at brevet er skrevet til "kristne, der kendte de jødiske love og traditioner, måske især jøde-kristne."

Nåh – så kunne det være, at ordet "Tro" har en særlig betydning for jøder, måske indeholder ordet en anden forståelse, end jeg har, med mine hedenske, vestlige hjerneceller. Så henvendte jeg mig til en af mine jødiske (Facebook-) venner, som har en hjemmeside med titlen "Hebræisk for kristne"[5]. Her skriver han en fascinerende artikel om, hvad det betyder, når Habakkuk skriver, "Den retskafne får livet ved sin tro" (Hab 2,4).

Det hebræiske ord [emunah, red.], som bliver oversat til "tro" (. . .) er måske bedre oversat til "trofasthed" eller "loyalitet", frem for "tro" på noget (dvs. intellektuel tilkendegivelse). **Emunah** *hentyder til udholdenhed, troskab, og standhaftighed, til trods for det tilsyneladende, eller omstændigheder, som kan friste os til at miste modet eller tøve i vores hengivenhed.*

John J. Parsens[6]

Også I min bibel er der en note i Habakkuks Bog ved dette skriftsted:

---

[4] Bibelen på hverdagsdansk, NT s 325.

[5] www.hebrew4christians.com

[6] http://www.hebrew4christians.com/Meditations/By_Faith/by_faith.html

Eller "trofasthed". Det hebraiske ord har mange nuancer i området trofasthed, ærlighed, troværdighed, lydighed. Det indebærer også afhængighed af og lydighed mod God. Også på græsk bruges det samme ord for tro og trofasthed

Da jeg læste det, begyndte det at gå op for mig, at dette lille ord, som vi bruger så tit, måske ikke betyder det, jeg – eller vi som kirke – tror, det betyder. Jeg begyndte at arbejde med nogle spørgsmål, som jeg gerne vil give dig mulighed for at grunde over nu – inden vi går videre…

Til eftertanke

Hvad er dine første tanker, set i lyset af disse forskellige beskrivelser af ordet "tro"?

Hvis disse ordforklaringer er sande, hvad betyder det så, at tro på Jesus?

Helt ærligt … forstod du Hebr 11,1 inden du læste det her? (Og forstår du nu, hvad der står?)

Kap. 2:
Abel troede Gud

Abel troede Gud. Derfor var han i stand til at bringe et offer, der var bedre end Kains. Gud accepterede Abels gave og viste dermed, at Abel havde et ret forhold til Gud. Abel selv er død, men hans tro er et vidnesbyrd for os endnu den dag i dag.

Hebr 11,4

I min vildrede om, hvad tro egentlig er for noget, bestemte jeg mig for at studere Hebræerbrevet mere i dybden. Jeg valgte at bruge tid på hver enkelt person, som bliver nævnt, for at se, om jeg kunne finde noget, som var gældende for alle. Hvad er det egentlig, vi skal lægge mærke til i forhold til alle disse mennesker? Og vi starter helt fra begyndelsen af Bibelen med Abel.

Abel troede Gud

Det slog mig, at der ikke står, "Abel troede *på* Gud." Det havde jeg faktisk aldrig hørt nogen sige på dansk. (Jeg kommer oprindeligt fra USA – så måske havde jeg hørt det, hvis ikke jeg havde ventet, til jeg var 19, med at høre og derefter lære dansk). Hvad betyder det at tro nogen? Jeg troede kun, man grammatisk kunne tro *på* Gud.

Jeg forsøgte at spørge mennesker omkring mig, om de forstod forskellen, men de så bare på mig, som om jeg kom fra Jupiter i stedet for fra USA. I min nysgerrighed var jeg så nødsaget til at skrive til kilden. Ikke Gud, altså – selvom, det er ham, som egentlig står bag ordene. Jeg skrev til Iver Larsen, som stod for oversættelsen af Bibelen til hverdagsdansk. Han svarede mig:

> *Havde vi skrevet X troede på Gud, ville det være et svagere udtryk, for det vil de fleste forstå som det, at de troede på, at Gud eksisterede. På dansk siger man "tror du på Gud" på samme måde, som man siger "tror du på spøgelser".*
>
> *Når det drejer sig om personer, kan man både tro X og tro på X. Men hvis der er tale om ideer, tror man på dem. Tror man på en person, betyder det, at man accepterer, at vedkommende taler sandt. Men jeg kan dog ikke bruge tro X om enhver person, f.eks. Jeg tror John. Det kan vist kun bruges med Gud som objekt eller et stedord som dig, dem osv. Et ords betydning afhænger i høj grad af de ord, det optræder sammen med. Når Gud er objektet, afhænger forståelsen af, hvordan læseren opfatter Gud og hvad det vil sige at tro på Gud. Når vi ved, at tro har med tillid at gøre, så vil de fleste nok opfatte troede Gud som havde tillid til ham.*

Wauw. Den mand er fuld af visdom. Nogle af de punkter, jeg får ud af det her er:

- At tro på Gud, betyder at man tror, at han taler sandt.
- At forstå "hvad er tro" betyder, at man skal se ordet "tro" i sammenhæng med de andre ord, "tro" optræder sammen med.

- Forståelsen afhænger af, hvordan jeg opfatter Gud.

Abel troede Gud. Han troede, at Gud talte sandt. Han havde en "troende" opfattelse af Gud. Hvad siger teksten mere om Abel?

Abel var i stand til at bringe et offer, der var bedre end Kains

Jeg læste 1 Mos 4,1-7 for at finde et svar. Der stod ikke meget andet end historien. "Gud accepterede Abels offergave, men ikke Kains."

Ok. Så går tankerne i gang. Hmm. Abel troede Gud, og derfor var han i stand til at bringe et offer. Hans offer var accepteret og bedre end Kains. Noget af det vigtigste at huske, når man studerer Bibelen, er, at man skal lade Bibelen tolke sig selv. Det betyder, at man skal finde svar på sine spørgsmål gennem det, Bibelen ellers siger om et givet emne. Ikke kun, hvad man selv kan tænke sig frem til.

Jeg husker, at Gud mange gange i Det Gamle Testamente siger, at han ikke ønsker vores ofre, men vores hjerter:

Du er ikke interesseret i slagtofre, mine brændofre formilder dig ikke. Det offer, du ønsker, er en ydmyg ånd, du længes efter at se et angrende hjerte.

Sl 51,18-19

17

Jeg ønsker barmhjertighed frem for slagtofre. Det er vigtigere, at I kender og adlyder mig, end at I kommer med brændofre.

Hos 6,6

Og faktisk lige inden kapitel 11, skriver forfatteren i kapitel 10 af Hebræerbrevet, vers 5-7:

Det er ikke slagtofre og afgrødeofre du ønsker, men du har givet mig et legeme. Brændofre og syndofre har du ikke behag i. Da sagde jeg: "Se! Jeg er parat! Det står skrevet om mig i bogrullen, og jeg er kommet for at gøre din vilje."

Men han sagde også, at vi har snydt ham ved ikke at give ofre:

Men Jeg siger, "Synes I, det er i orden, at mennesker bedrager Gud? For det er præcis, hvad I har gjort!"

"Hvordan har vi bedraget dig?" siger I.

"Ved at fratage mig den tiende og de ofre, som tilkommer mig. I har alle bedraget mig, og derfor rammer dommen hele folket."

Mal 3, 8-9

Hvad mener han så?

Abel havde et ret forhold til Gud

Den lille sætning, "han var i stand til at bringe et offer," bliver efterfulgt af sætningen, "Gud

18

accepterede Abels gave og viste dermed, at Abel havde et ret forhold til Gud."

Det vil sige:

"Jeg vil ikke have jeres ofre – jeg vil have jeres hjerter"

+ "I har snydt mig ved ikke at give ofre."

= Vores offer – af vores hjerter og vores viljer i lydighed mod ham skal komme ud af et ret forhold til Gud.

Kan jeg se det i historien i Første Mosebog? Det kan jeg faktisk! Se, Kain blev meget vred og bitter over, at Gud accepterede Abels offer og ikke Kains.

"Hvorfor er du vred?" Spurgte Gud. "Hvorfor går du og kigger ned i jorden? Når du gør det gode, kan du frit se andre i øjnene."

1 Mos 4,6-7a

Nu er det ikke "jeg-kan-finde-et-citat-i-Bibelen-sikkert", men jeg læser noget ud af denne historie, som er ret interessant:

- Abel er en troshelt. Han var i stand til at bringe et offer. Tro gør ham i stand til at bringe et offer, der viser et ret forhold.
- Kain havde ikke et ret forhold til Gud, og han kunne ikke bringe et offer, som behagede Gud. Han havde ikke troen, der skulle til.

19

- Kain får at vide, at han ikke kan se andre i øjnene. Han kan ikke se Gud i øjnene. Han har ikke tillid til Gud. Det er forskellen.

Og så vender vi tilbage til et af Iver Larsens punkter: Min forståelse af teksten afhænger af min opfattelse af Gud.

Abel troede Gud. Gud accepterede Abels gave og viste dermed, at Abel havde et ret forhold til Gud.

Til eftertanke

Hvad har Gud vist dig, der er særligt i forhold til Abel som troshelt?

Er du og Gud gode venner? Eller er der noget imellem jer? Kan du se Gud i øjnene?

Tør du komme til ham med et angrende eller brudt hjerte, eller vil du hellere blive vred og bitter over det, du har oplevet?

Kap. 3
Enok troede Gud

Enok troede Gud. Derfor blev han taget op til Himlen, så han undgik at dø. Ingen kunne finde ham, for Gud havde taget ham til sig. Men inden da havde han fået det vidnesbyrd, at Gud glædede sig over ham. Gud kan kun glæde sig over dem der har tro, for de, der henvender sig til Gud, må nødvendigvis tro, at han er til, og at han belønner dem, der søger ham.

Hebr 11,5-6

... Derfor undgik han døden. (Gud belønner dem, der tror på ham.)

Gud glædede sig over Enok

Skriftstedet siger, at Gud glæder sig over dem, der:

1. Tror på, at han eksisterer.
2. Tror på, at han belønner dem, der søger ham.

Enok levede i nært fællesskab med Gud

Hvad siger Det Gamle Testamente så om Enok? Hvad er baggrundshistorien?

21

Enok var 65 år, da hans søn Metusalem blev født. Efter Metusalems fødsel levede Enok i nært fællesskab med Gud i endnu 300 år og fik sønner og døtre. Han var 365 år gammel, da han pludselig en dag forsvandt, for Gud tog ham til sig.

1 Mos 5,21-23

Okay. Det var ikke til megen hjælp. Men det er meget interessant, at på samme måde som med Abel nævnes Enoks relation til Gud.

Enok levede i nært fællesskab med Gud. Og Gud glædede sig over ham.

Hvad siger Bibelen så mere om, hvad Gud glæder sig over? Så kunne det være, at vi kunne danne et billede af Enok – og hvordan hans tro må have været. Hvis man slår ordet, som bliver brugt i Hebræerbrevet til at beskrive "at glæde sig over," op i Strongs bibelordbog (1995), finder man følgende skriftsteder, som beskriver det, Gud glæder sig over:

Gud glæder sig over:

1. Ærlighed. (*Herren afskyr overlagt bedrag, men glæder sig over oprigtig ærlighed.* Ordsp 11,1)
2. Lydighed. (*Han glæder sig over dem, der adlyder ham...* Sl 147,11)
3. Tillid til hans trofaste omsorg. (*... og har tillid til hans trofaste omsorg.* Sl 147,11)
4. Ædle motiver. (*Herren afskyr folk med falske hjerter, men han glæder sig over ædle motiver.* Ordsp 11,20)

5. Dem, man kan stole på (*Herren afskyr dem, der lyver, men glæder sig over dem, man kan stole på.* Ordsp 12,22)
6. De gudfrygtiges bønner. (*Herren afskyr de gudløses offergaver, men glæder sig over gudfrygtiges bønner.* Ordsp 15, 8)
7. Gode ord. (*Herren afskyr de ondes tanker, men glæder sig over gode ord. Ordsp* 15,26)

Et andet sted, hvor ordet bliver brugt er i Zefanias' Bog 3,17.

> *Frygt ikke. Opgiv ikke modet.*
> *Herren, jeres Gud, bor midt iblandt jer.*
> *Han er jeres mægtige frelser.*
> *Han elsker jer og glæder sig over jer,*
> *Han fornyer jer med sin kærlighed.*
> *Han synger af glæde over jer som på*
> *højtidsdagene.*

Det hebraiske ord, som betyder "at glæde sig" eller "at fryde sig" kan også betyde "at dreje rundt af begejstring og med stærke følelser".

Til eftertanke

Hvad har Gud vist dig, der er særligt i forhold til Enok som troshelt?

Hvad synes du om, at Gud kan glæde sig over dig? At han er så glad for dig, at han danser og drejer rundt om sig selv i begejstring?

Tør du komme til ham med et angrende eller brudt hjerte, eller vil du hellere blive vred og bitter over det, du har oplevet?

Hvilke af disse ting, som glæder Herren, kan han finde hos dig? Hvad vil du gerne have hans hjælp til at udvise mere af?

- Ærlighed.
- Lydighed.
- Tillid til hans trofaste omsorg.
- Ædle motiver.
- At være en, man kan stole på.
- De gudfrygtiges bønner.
- Gode ord.

Kap. 4
Noa troede Gud

Noa troede Gud. Da Gud advarede ham om syndfloden, der skulle komme, troede han på det, selvom der ikke var nogen tegn på, at der ville komme en oversvømmelse. Han adlød Gud, og i ærefrygt for ham byggede han en ark for at redde sin familie. På den måde forkyndte Noa dommen over den onde verden, og selv blev han på grund af sin tro accepteret af Gud.

Hebr 11,7

Her læser vi følgende om Noa:

1. Han troede på, hvad Gud har sagt, selvom der ikke var tegn på noget.
2. Han adlød Gud i ærefrygt.
3. Ved sine handlinger forkyndte han.

Han levede i et nært forhold til Gud

I Det Gamle Testamente står der:

Noa var dengang det eneste menneske på jorden, Gud kunne acceptere. Han levede i et nært forhold til Gud.

1 Mos 6,9

Der var den sætning igen. Han levede i et nært forhold til Gud. Er det noget, som hænger sammen med tro? Det er i hvert fald pudsigt, at der i forbindelse med alle de tre troshelte fra Det Gamle Testamente, som vi indtil nu har kigget på, står, at de havde et ret eller nært forhold til Gud. Tre gange. Det må være vigtigt.

Noa begyndte med det samme at gøre ...

Noa begyndte med det samme at gøre, hvad Gud havde befalet ham.

1 Mos 6,22

(se også 1 Mos 7,5)

Hmm. Med det samme. Hvorfor gør vi det ikke med det samme? Hvad er det, der står i vejen? Er det, fordi vi ikke er sikre på, at det er Gud, der har sagt det?

Men hvis det er grunden, betyder det jo også, at vi ikke kender ham så godt.

Vi *må* lære ham at kende.

Jeg tror, at de to ting hænger sammen. Et nært forhold, og at man gør det, han siger. Man tror på, hvad en anden siger, fordi man kender personen. Man tror, selvom man ikke kan se at det, den anden har lovet, sker med det samme. Og derfor handler man på det, der bliver sagt. Fordi man stoler på den anden. Og når man handler på det, den anden har sagt, så er det et vidnesbyrd om, at personen taler sandt. Ved vores handlinger forkynder vi.

Selvfølgelig er det ikke altid, at Gud mener, vi skal gå i gang med det samme, når han siger noget. Men hvis vi kender ham – hvis vi lever i nært forhold til ham, så må vi vel vide, at han taler sådan. Og når vi ved, at det er tale om nu – må vi få modet til at handle. Fordi han sagde det.

Til eftertanke

Hvad har Gud vist dig, der er særligt i forhold til Noa som troshelt?

Kender du Gud så godt, at du kan handle på hans ord med det samme? Eller skal du lige sikre dig, at det er ham, der har sagt det?

Kap. 5
Abraham troede Gud

Abraham troede Gud. Da Gud bad ham om at forlade sit hjem og fædreland og rejse bort til et andet land, som Gud ville give ham og hans efterkommere i arv og eje, tog han af sted uden at vide, hvor han kom hen. Han slog sine telte op i et land, som tilhørte andre, og i tillid til Gud vandrede han fra sted til sted i det land, han var blevet lovet. Det samme gjorde Isak og Jakob, der jo fik det samme løfte. Abraham så nemlig frem til at bo i byen med de evige grundvolde, som Gud selv er både arkitekt og bygmester for.

Hebr 11,8-10

Skriftstedet fortæller mig følgende:

1. Gud bad Abraham om at tage af sted, og han rejste uden at vide, hvor han kom hen.
1. Han vandrede fra sted til sted i tillid til Gud.
2. Hans sønner gjorde det samme.
3. Han så frem til det evige, mens han vandrede i det nuværende.

Historien starter i 1 Mos 12. Her siger Gud:

Forlad dit land, dine slægtninge og din fars hjem, og tag af sted til det land, jeg vil vise dig. Jeg vil velsigne dig og gøre dig til stamfar for et mægtigt folk. Jeg vil gøre dig kendt vidt omkring, og du skal blive til velsignelse for mange.

1 Mos 12,1-2

Uden at vide, hvor han kom hen

Dette skriftsted fortæller, at Abraham ikke gik efter et mål eller en vision, som vi omtaler det i dag. Han vidste ikke, hvor han skulle han. Han fulgte bare Guds anvisninger.

Abraham så frem til at bo i byen med de evige grundvolde

Abraham indtog ikke landet selv. Det gjorde hans børn heller ikke. De var nomader i flere generationer – så blev de slaver. Men Abraham havde tro, fordi han gik – han vandrede med Gud. Det kunne virke meningsløst – han vandrede fra sted til sted. Men alligevel er han en trosfader. En helt.

Et nyt navn: En far til mange

En interessant sidebemærkning er, at Abraham havde et andet navn, da han modtog løftet første gang. Han hed Abram. Anden gang han får løftet, er han i tvivl (1 Mos 15). Han spørger, "Hvad skal jeg med din velsignelse, hvis jeg dør barnløs? Min tjener Eliezer kommer til at arve al min rigdom, for du har jo ikke givet mig en søn." Men her får Abram at vide af Gud, "Nej, han skal ikke være din arving. Det skal din egen søn."

Senere, tager hans kone, Saraj, sagen i egen hånd, og Abram går med på den. Sådan får de en dreng, Ismael, med slavepigen Hagar – det menneskelige svar på opfyldelsen af et løfte.

Da Gud kommer til Abram for tredje gang, får han at vide, at løftet ikke gælder Ismael, men en søn, som Saraj skulle føde.

Men det er ikke Abram, som er nævnt som troshelt. Det er Abraham. Der sker noget. Abram får et nyt navn. For hebræerne betød navnet noget særligt. Det var ikke kun et navn. Iver Larsen skriver i noten til Matt 28,19, at "I hebraisk tankegang står navnet for selve personen og alt, hvad der kendetegner denne person." Det vil sige, at når Gud ændrer en persons navn, siger han, at der er noget andet, som kendetegner vedkommende.

Abram betyder "Ophøjet Fader". Det kunne være, at det efterhånden var blevet ret pinligt med det navn, efterhånden som årene gik, og han ikke fik børn. Men Gud giver ham navnet Abraham, som betyder "Fader til mange." Selvom det sikkert har været svært for Abram at se sig selv som fader, understreger Gud sit løfte til ham og gentager for Abraham, at han skal holde fast i, at han er en far. Han skulle blive far til mange.

Abraham skulle få et barn med sin kone, og han skulle holde fast i sin identitet som far. Han får løftets barn under dette navn, i Guds styrke, ikke i egen styrke.

Faktisk står der i Første Mosebog noget mere om, hvorfor det blev Abraham, der skulle være far for Guds nation:

Jeg har jo netop udvalgt ham, for at han skal indprente sine efterkommere lydighed mod mig, ærlighed og godhed, så jeg kan lade det ske, jeg har lovet ham.

1 Mos 18,19

Til eftertanke

Hvad har Gud vist dig, der er særligt i forhold til Abraham som troshelt?

Hvordan har du det med ikke at vide, hvor Gud vil føre dig hen? Har du talt med ham om det?

Ved du, hvad Gud siger om dig? Ved du, hvordan han ser dig? Ivar Larsens note til Matt 28,19 siger, at når man bliver døbt til eller ind i en persons navn, identificerer man sig med personen. Kender du din identitet i Kristus?

Kap. 6
Sara troede Gud

Sara troede Gud. Derfor fik hun kraft til at blive mor til trods for, at hun var for gammel til at få børn. Hun troede på, at Gud, der havde givet løfte om en søn, var til at stole på. Således blev Abraham stamfar til et helt folk. Selvom han gik på gravens rand, blev han ene mand stamfar til et folk så talrigt, at det er lige så umuligt at tælle som himlens stjerner og sandet ved havets bred.

Hebr 11,11-12

Så blev Abraham stamfar

Her læser vi, at Saras tro havde indvirkning på Abrahams løfte. *Således* blev Abraham stamfar. Fordi Sara troede på, at Guds løfte var til at stole på. Dette vidner om, at det betyder noget i Guds rige, når vi er en andens tjeneste tro. Det vil sige, at vi støtter en anden i det, de har fået åbenbaret. Sara er en troshelt, som fremhæves fordi hun hjalp en anden til at få en opfyldelse af deres løfte.

Men hun hørte ikke selv løftet de første mange gange, Abraham og Gud talte om det. Kun som noget, Abraham sagde. Det betyder også, at hun troede, at både Gud og Abraham var at stole på.

Dette indblik får mig til at overveje, om jeg er trofast over for andre menneskers tjenester. Det kan være, at en anden har fået et løfte, som jeg

33

skal være med til at bære og få til at ske. Fordi jeg er den udvalgte hjælper.

Til Gud sagde han: "Ja, Herre, må din velsignelse være med Ismael!"

"Nej, Det er Sara, der skal føde din søn!" svarede Gud, "og du skal kalde ham Isak."

1 Mos 17,18-19

Du skal ikke længere kalde hende Saraj

Ligesom Abraham, giver Gud Sara et nyt navn.

Og Gud tilføjede: Hvad din kone Saraj angår, skal du ikke længere kalde hende Saraj. Fra nu af skal du kalde hende Sara. Jeg vil velsigne hende og give dig et barn med hende. Hun skal blive stammor til mange folk – selv konger skal nedstamme fra hende."

1 Mos 17,15

Navnet *Saraj* betyder *hende, som stræber.* Ordet "stræberisk" findes ikke officielt i det danske sprog, men man kan alligevel finde udtrykket i brug. Det danske sprog- og litteraturselskab beskriver en stræber som "en person, der stræber efter at få succes ved at arbejde ekstra hårdt med noget eller ved at fedte for nogen". Det kan vel godt beskrive den unge Saraj, som lod sin slavekvinde Haggaj ligge ved sin husbond for senere at blive jaloux på hende og behandle hende så hårdt, at hun flygtede ud i ørkenen.

34

Men alderen – og Guds proces – gjorde noget ved Saraj. Nu skal hun kaldes *Sara*, som betyder *prinsesse*. Og hun skal blive stammor til mange folk – selv konger skal nedstamme fra hende. Dette navn stammer fra samme ord som zar, som blev brugt om en, som har et embede. Hun skulle ikke længere stræbe. Hun skulle regere.

Hun lo ved sig selv

"Hvor er Sara, din kone?" spurgte mændene. "Inde i teltet," svarede Abraham. Da sagde Herren: "Næste år ved denne tid kommer jeg igen, og da har Sara født en søn!"

Sara stod i teltdøren bagved og hørte det hele. Både hun og Abraham var gamle, og hun vidste jo godt, at hun var alt for gammel til at få børn. Hun lo ved sig selv og tænkte: "Skulle jeg virkelige opleve den glæde, nu da både jeg og min mand er blevet for gamle til den slags?"

Da sagde Herren til Abraham: "Hvorfor ler Sara og tænker, at hun umuligt kan få et barn? Skulle noget være umuligt for Gud? Næste år ved denne tid kommer jeg igen, og da har Sara en søn!"

Da Sara hørte det, blev hun bange og forsvarede sig. "Jeg lo ikke!" løj hun. "Jo, du gjorde!" svarede Herren.

1 Mos 18,9-15

Jeg har mange gange hørt prædikanter fortælle, hvordan Sara i denne historie grinede ad Gud i vantro. At hun blev irettesat, fordi hun lo. De fremhæver i historien, at det udelukkende var Abrahams tro, der var til at få øje på. Men sådan ser jeg det ikke.

Sara troede Gud, står der i min bibel. *Derfor fik hun kraft til at blive mor.* Men hvis det ikke er udtryk for vantro, hvordan kan man så forstå Saras latter?

Jeg læste historien om Abraham og Sara igennem igen – med fokus på det, Sara bidrager med til fortællingen. Fra kapitel 12 til kapitel 21. Og så slog det mig, da jeg læste

"Nej, det er Sara, der skal føde din søn!" svarede Gud, "og du skal kalde ham Isak."

1 Mos 17,19

Og Ivar Larsens note i min bibel: "Det betyder latter.'"

Direkte oversat betyder Isak faktisk: "han vil le". Måske var Saras latter ikke udtryk for hån, men et tegn på åndelig indsigt? Var det profetisk – et visdomsord? Et kundskabs ord om, at Gud og Abraham allerede havde aftalt navnet? En åndelig respons, hendes indre gav til profetien om, at hun skulle være mor?

Kan det være, at hendes latter viser, at udholdenhed i tro ikke behøver at være trist? At der er glæde og latter i ventetiden? Og at man faktisk kan have det sjovt, når Gud tager hånd om omstændighederne?

Herren velsignede Sara, som han havde lovet: Hun blev gravid og fødte Abraham en søn i hans alderdom – på det tidspunkt, som Gud havde sagt. Abraham kaldte sin søn Isak. På ugedagen efter fødslen omskar Abraham sin søn Isak, sådan som Gud havde pålagt ham. Abraham var på det tidspunkt 100 år gammel.

Ved den lejlighed sagde Sara: "Gud har fået mig til at le! Og alle, som hører om det her, vil le sammen med mig. Hvem ville have drømt om, at jeg nogen sinde skulle få et barn? Ikke desto mindre har jeg født Abraham et barn i hans alderdom."

1 Mos 21,1-7

Sara hørte det hele

En interessant pointe er, at indtil kapitel 18, ser det ikke ud til, at Sara selv hører de løfter, Abraham har bygget sit liv på – og som hun derved også har bygget videre på.

Det er først, da Sara selv hører løftet og ler, at det går i opfyldelse inden for et år.

Er det først, når hun selv får åbenbaringen, at det kunne lade sig gøre, at ordene blev til virkelighed? Det minder mig om Elisa og våbenbæreren i 2 Kong 6,8-17. Der bad Elisa, "Herre, luk hans øjne op, så han kan se," hvorefter tjeneren kunne se, at bjerget var fyldt med ildheste og ildvogne rundt om, hvor de stod.

Eller var det, fordi, at Gud havde andre grunde til at vente med at åbenbare løftet for Sara? Sara og Abraham havde forskellige opgaver og processer med Gud. Måske var det Abrahams behov for at vente i sin proces med Gud, som gjorde, at Sara selv først hørte løftet, lige inden det gik i opfyldelse? Måske ville hun ikke kunne holde ud i tro i så lang tid?

Men én ting er sandt. Det er først, når man selv har hørt og taget imod et ord fra Gud, at det kan begynde at virke i ens eget liv.

Tro kommer af at høre

Tro udspringer af det, som høres.

Rom 10,17a

Ordene her, som vi oversætter "at høre" har en anden dybde for Paulus' læsere, end de har for os i dag. Ordene, der blev brugt her, betyder:

- Indre hørelse.
- Åndelig hørelse.
- At kunne skelne Guds stemme.

På græsk havde man et udtryk, "Ved at høre, kunne man høre." Det betyder nærmere, at man forstår noget ved at høre. Det betyder ikke kun, at man hører ordenes lyd, men at man modtager budskabet bag ordene.

Og dette kommer, fordi Gud selv udtaler ordene – ved Guds talte ord. Det er ikke kun ord, men Guds rhema ord. Et rhema ord betyder direkte oversat, en udtalelse, eller det, der bliver sagt. Det henviser til selve handlingen, at udtrykke sig.

Det var først da Sara selv hørte ordet– selv fik det at vide personligt fra Gud – at det kunne producere tro i hendes hjerte. Og så fik hun styrken til at være mor.

Til eftertanke

Hvad har Gud vist dig, der er særligt i forhold til Sara som troshelt?

Overvej et øjeblik, om du er trofast over for andre menneskers tjenester. Det kan være, at en anden har fået et løfte, som du skal være med til at bære og få til at ske. Fordi du er den udvalgte hjælper. Kan du se dit kald i denne kontekst?

Hvad har Gud sagt til dig om, hvad Saras latter betyder?

Kap. 7
En prøvet tro

Af alle trosheltene, står der mest om Abraham i Bibelen – både i Det Nye og Det Gamle Testamente. Faktisk skriver forfatteren om Abraham to gange i Hebræerbrevet:

Da Gud satte Abraham på prøve, holdt Abraham fast på sin tro og var parat til at ofre sin søn Isak på alteret, også selvom det var hans eneste søn, og Gud havde lovet ham: Det er gennem Isak, din slægt skal opbygges. Abraham regnede nemlig med, at Gud kunne oprejse Isak fra de døde, hvis det skulle være. Han fik ham jo også tilbage i live som et billede på Jesu opstandelse fra de døde.

Hebr 11,17-19

Dette sker i 1 Mos 22.

Senere satte Gud Abrahams tro på prøve. Det gik således til:

"Abraham!" kaldte Gud. "Ja, Herre," svarede han. "Jeg lytter!"

Gud kalder. Abraham lytter. Gid at jeg også må være sådan!

"Tag din eneste søn, Isak, som du elsker så højt, og rejs til det sted, der hedder Morija. Der skal du bringe ham som et brændoffer til mig på et bjerg, som jeg vil vise dig."

Dette var løftebarnet. Det blev bekræftet to gange, at Isak var den, Gud havde lovet (1 Mos 17,15-19 samt 21,11-12).

Det var det, Abrahams tro havde haft fokus på. Det var hans vision og hans kaldelse. Hans identitet.

"Far," sagde Isak.

"Ja, min dreng."

"Vi har brændet og ilden – men hvor er det lam der skal ofres?"

"Det vil Gud selv sørge for, min dreng," svarede Abraham. Så gik de videre i tavshed."

Sikke et svar. Abraham havde lært det. At Gud selv ville sørge for det. Og selve stedet, hvor det hele foregik, kom til at hedde, "Herren sørger for os" (v. 14).

Og da Gud havde sørget for, at Isak ikke blev ofret, var han ikke færdig.

Da råbte Gud igen til Abraham fra Himlen: "Jeg er Herren, og jeg sværger ved mig selv, at fordi du adlød mig og ikke sparede din eneste søn, vil jeg velsigne dig."

Guds løfter til os

Disse ord og Abrahams historie får mig til at sætte spørgsmålstegn ved noget, vi i vores (karismatiske) menigheder bruger næsten som et mantra[7]: Hvis du beder i tro, vil Gud give det til dig.

Forstår vi det rigtigt? For det, jeg synes, jeg er blevet undervist om, er, at jeg skal lære Guds ord, for at jeg kan have tro. For:

Troen kommer altså af det, der høres, og det, der høres, kommer i kraft af Kristi ord.

Rom 10,17

Jeg skal lære ordet at kende, for at jeg kan vide, hvad han har lovet. Når jeg ved, hvad han har lovet, kan jeg tro på det. Og når jeg tror på, at det står i Bibelen og holder fast ved det ord, så tror jeg Guds ord. Og så skal det ske, når jeg beder ud fra Guds ord, at jeg får det, jeg beder om.

Det mest tydelige skriftsted, hvor vi læser om at få, når vi har tro uden tvivl er vist Jakobs Brev:

Men I skal tro uden at tvivle. For hvis I vakler i jeres tillid til Gud, er I som havets bølger, der kastes frem og tilbage af stormen, eller som en, der står med et ben i hver lejr og går skiftevis i den ene og den anden retning. Beder I på den måde, kan I ikke regne med at få noget fra Herren.

Jak 1,6-8

---

[7] Et mantra er en sætning eller række af sætninger, som gentages igen og igen, og som kan frembringe en bestemt virkning. Ordet stammer fra hinduisme og buddhisme, og er meget brugt inden for nyreligiøsitet (New Age). Man kan også forstå et mantra som en form for besværgelse.

Men vi kender det også fra andre skriftsteder.

Jesus svarede: "Det siger jeg jer: Hvis I tror uden at tvivle, så vil I ikke blot kunne gøre sådan med et figentræ, men I vil endog kunne sige til det 'bjerg' her: 'Flyt dig ud i havet!' Og så vil det ske. I skal få alt, hvad I beder om, hvis I tror."

Matt 21,21 (Også Mark 11,23)

Hvis vi altså ved, at han svarer os, hvad vi end beder om, så ved vi også, at vi får, hvad vi har bedt om.

1 Joh 5,15

Det, jeg finder interessant i Jakobs Brev er, at lige netop dette udsagn om tro og tvivl i kommer i sammenhæng med Jakobs udtalelser om prøvelser.

I ved jo, at når jeres tro prøves, skærper det jeres udholdenhed. Og hvis I ellers holder ud gennem prøvelserne, vil I vokse i modenhed.

Jak 1,3-4

Igen kommer Ivar Larson os til hjælp. I vers 3, siger noten i min bibel om tro: "Eller trofasthed, troskab. Når jeres troskab sættes på prøve."

Jeg synes igen og igen, at der er tegn på, at "tro" ikke handler så meget om, hvad jeg ved og kan bekræfte om Guds ord. Det handler ikke om, at jeg har overbevist mig selv om, at det der står i Biblen er sandt. Det handler ikke om at gøre Guds ord til mit mantra. Jeg skal først kende ham, som er ordets ophav. Når jeg kender ham, der var Ordet, som blev kød, begynder jeg at kunne leve i tro. Uden relation, har ordene ingen kraft.

Det handler om, at finde ind i en relation til Gud, hvor jeg er ham tro. Hvor jeg stoler på, at han nok skal sørge for det. Det er derfor, Abraham blev velsignet. Ikke fordi han kunne citere skriftsteder.

Gud havde nemlig lovet Abraham

Derfor siger jeg ikke, at Guds ord ikke har noget med tro at gøre. Når først vi finder ind til relationen til Gud, er hans ord virksomt som et tveægget sværd. Vi har tillid til ham og *derfor* betyder hans ord så meget for os.

Abraham havde tillid til Gud, der giver nyt liv til det, som er dødt, og omtaler det, der ikke findes, som om det allerede fandtes. Gud havde nemlig lovet Abraham, at han skulle få en søn, og at hans efterkommere skulle blive talrige som sandet og stjernerne ... Han vaklede ikke i vantro, men blev styrket i troen på, at Gud nok skulle holde sit løfte, og derfor lovpriste han Gud.

Rom 4,17-18 & 20

Her ser vi, at løftet, eller de ord, der blev talt, var med til at styrke troen og tilliden til Gud. Det bliver noget håndfast, man kan holde for øje, mens man venter på opfyldelsen. For Guds ord er levende og virksomt, siger vi.

Levende og virksomt

Pas på ikke at være ulydige, for når Gud taler, er der både liv og kraft i hans ord. De er skarpere end noget tveægget sværd og er i stand til at trænge ind i hjertets inderste kroge. Guds ord afslører vores hemmeligste tanker og motiver og de sætter skel mellem det sjælelige og det åndelige.

Hebr 4,12

Igen kommer lydigheden på spil. "På grund af din lydighed" siger Gud til Abraham. Lydighed mod ordet. Men på grund af relationen.

Ordet trænger ind i hjertets inderste kroge. Hvis vi har ører, der kan høre. Hvis vi ikke lukker af for hans ord. Hvis vi har et hjerte, der modtager ordet. Fordi vi har tillid til ham. Det er på grund af ham, at ordet betyder noget.

Gud er nemlig ét med sit ord. Det er, fordi vi har en relation til Gud, at vi har en relation til ordet.

I begyndelsen var Ordet. Ordet var hos Gud og var som Gud. Ordet var til fra begyndelsen, sammen med Gud. Alt, hvad der er skabt, blev til ved det ord. Ordet havde Livet i sig, og det Liv blev menneskers Lys.

Joh 1,1-4

Tro kommer af at høre Guds ord, ikke på grund af ordet selv, men på grund af vores relation til ham, som taler.

46

Gør ikke din tro til Kristus[8].

For mig er den næste logiske slutning derfor, at forholdet mellem tro og svar på mine bønner må være noget lignende.

Jesus siger flere gange i evangelierne, "Din tro har reddet dig" (Matt 9,22; Mark 10,52; Luk 7,50; 17,19; 18,42). Jeg har hørt nogle prædikanter give udtryk for, at det er selve troen, som er kilden til helbredelsen. De siger, "Det er ikke Gud, som helbreder dig, det er troen, der gør det!" (fx Frederik Prince, citeret i King, 2006). Et andet eksempel er Kenneth Hagin, som har skrevet, "Din egen tro kan initiere helbredelsen. . . Du behøver ikke at vente på, at Gud rører på sig."[9]

Men ældre trosprædikanter, som virkede i helbredelsestjenesten, havde en anden forståelse. De forstod, at det altid er Gud, som er kilden til helbredelse, mens troen er redskabet, som bringer det til personen. Det er disse prædikanter, som de senere trosprædikanter drager inspirationen fra. De klassiske trosprædikanter levede og virkede i 1800-tallet og begyndelsen af 1900-tallet. De så de første helbredelsesvækkelser siden det, man læser om i Apostlenes Gerninger.

Charles Spurgeon var en britisk præst i Baptistkirken (den presbyterianske kirke i London), og han havde en stor helbredelsestjeneste. Han skrev, "Det er ikke troen, der helbreder;

---

[8] Ordet kristus betyder "den salvede."

[9] Fra bogen, *Seven things you should know about divine healing.* Tulsa, OK: Kenneth Hagin Ministries.

helbredelsen findes i Kristi forsoningsværk. I dag er der flere skrivelser og bøger af Spurgeon end af nogen anden kristen forfatter. Han advarede om, at troen i sig selv aldrig skal ophøjes over den guddommelige kilde: "Gør aldrig din tro til Kristus."

A.B. Simpson[10] er enig med Spurgeon: "Det er ikke troen, der helbreder. Gud helbreder, men troen modtager."

Selveste Smith Wigglesworth, kendt i trosbevægelsen som "Troens Apostel," sagde: "Tro er den åbne dør, Herren træder igennem. Sig ikke, 'Jeg er helbredt ved tro'. . . Jeg er her, fordi Gud helbredte mig, da jeg var døden nær."

Den rette tolkning af Skriften forstår således, at troen er helbredelsens bække, men det er altid Gud, som er kilden – tro helbreder ikke, men Gud helbreder gennem tro.

Paul L. King, 2006

---

[10] A.B. Simpson havde en baggrund inden for den presbyterianske kirke, men etablerede Christian & Missionary Alliance. Han grundlagde også Missionary Training Institut, som nu er Nyack College, som udklækkede en del af de præster, som senere var med til at stifte Pinsebevægelsen i USA. Citat fra King, 2006.

Til eftertanke

Hvad har Gud yderligere vist dig, der er særligt i forhold til Abraham som troshelt?

Hvordan ser du forholdet mellem tro, relationen med Gud og Guds ord?

Pause:
Herlighedsteologi eller Korsteologi?

I forrige kapitel skrev jeg:

Disse ord og Abrahams historie får mig til at sætte spørgsmålstegn ved noget, vi i vores (karismatiske) menigheder bruger næsten som et mantra: Hvis du beder i tro, vil Gud give det til dig.

Forstår vi det rigtigt? For det jeg synes, jeg er blevet undervist om er, at jeg skal lære Guds ord, for at jeg kan have tro.

Det kan være, at det ikke er på dagsordenen i din kirke. Måske er du ikke karismatisk. Så kan det være, du gerne vil høre lidt fra Martin Luther? For han har også været blandet ind i denne vandring gennem spørgsmålet om, hvad tro egentlig er for en størrelse.

Herlighedsteologi og Fremgangsteologi

Jeg er blevet beskyldt for at tilslutte mig herlighedsteologien, fordi jeg tror på, at alle Guds løfter er gældende for kirken i dag. At vi skal leve ud fra, hvad Bibelen siger, bekende vores tro, bede for syge og forvente Guds indgriben. Men jeg vidste ikke, hvad herlighedsteologi var for noget. Så jeg var nødt til at undersøge, hvad det betød.

51

Det viser sig, at udtrykket kommer fra Martin Luther [11] . Herlighedsteologi (*theologia gloriae*) betyder, at man "vil kende Guds usynlige væsen ud fra hans gerninger i det skabte." Det vil sige, at man søger at se Gud gennem det, han gør. Det man kan se. Det, som beviser, at Gud er til. Når vi ser noget i vores verden, er det et udtryk for Gud. Når vi så fastholder, at Gud kun er god, så er det kun i det gode – det herlige – at vi kan finde Gud.

En form for herlighedsteologi er fremgangsteologi. Her tager man denne tilgang til Gud et skridt videre. Her tager man et fokus på tro og troens styrke og virkning og lægger det sammen med herlighedsteologien. Resultatet er, at man bliver lovet, at al Guds herlighed kan opleves og opnås i dette liv. Godt helbred, god økonomi, syndfrihed, osv. – ligesom i Himlen. Og hvis man ikke oplever det, er det enten på grund af manglende tro, dæmoner eller synd. Det handler *bare* om at bekende sin tro og tage autoritet over det onde. Så vil det lykkes.

Således bliver Guds rige et håndgribeligt rige, som man egentlig kan kontrollere bare ved at være god nok. Under dette flag finder man mennesker, som søger Gud for at få noget ud af det selv. Man søger ikke Gud for den, han er, og med en erkendelse af, at han er hellig, og vi ikke kan være det i os selv.

---

[11] Udtrykket stammer fra disputatsen i Heidelberg 1518.

Korsteologi

Korsteologi er ifølge Martin Luther modsætningen til herlighedsteologi. Hvis jeg så kan frasige mig korsteologien, må jeg da indrømme, at jeg er herlighedsteolog.

Korsteologien ser bag om det synlige, og "kender den synlige Gud 'bagfra', i lidelse og kors." Gyldendals ordbog beskriver korsteologien som "den teologiske refleksion over betydningen af Jesu død på korset." Det betyder, at korset er den eneste kilde til åndelig viden om, hvem Gud er, og hvordan Gud frelser. Kun ved korset kan et syndigt menneske få en forståelse af, hvad det betyder, at Helligånden er os givet.

Hvor herlighedsteologien sætter fokus på menneskelige evner og logik og alt det synlige, ser korsteologen, at mennesker ikke kan lægge eller føje noget til Jesu offer på korset – den eneste kilde til retfærdighed kommer udefra – fra Kristus.

Men der er også en ekstrem form for korsteologi. Denne findes i nogle (især katolske) sekter, hvor mennesker flår og korsfæster sig selv med henblik på at nærme sig Jesus.

Enhver, som ønsker at være sand kristen. . . skal bringe død til sit kød, udelukkende som overgivelse til Jesus, som i sin kærlighed til os bragte død til hele sit legeme på korset.

Pater Pio[12], fra Davide A. Biancillii

Disse ord tager mange helt bogstaveligt. Og de går meget længere, end det er ment. De pisker sig selv, de piner sig selv. De ønsker, at kende Gud ved at påføre sig selv lidelser – på måder, som ikke er bibelske. De går længere end fasten, selvfornægtelsen, underordnelsen og tjenesten.

Sandhed har to vinger

Men så sidder jeg her. Jeg tror helt og holdent, at Guds løfter for os ikke kun gælder en anden tid, hinsides dette liv, men at vi kan smage hans herlighed her og nu. Men for mig er Kristus og korset dog det vigtigste. Så nu kan jeg med god samvittighed sige, at jeg ønsker at se så meget af Guds herlighed som muligt, men min teologi er i bund og grund korsteologi. *Theologia crucis.*

Kan man være begge dele? Kan man "holde med" både herlighedsteologi *og* korsteologi?

A.W. Tozer[13] har et udtryk: "Sandheden har to vinger." Der er brug for to vinger, hvis sandheden skal flyve ordentligt:

Sandhed er som en fugl; den kan ikke flyve på en vinge. Den anden tekst skal stilles op ved siden af den første for at bringe balance og symmetri, ligesom højrevingen skal arbejde sammen med venstrevingen, så fuglen kan finde den rigtige

---

[12] Pater Pio var den berømte munk fra Italien, der bar sårene efter Jesus korsfæstelse. Han blev helgenkåret i 2002.

[13] A.W. Tozer var præst og forfatter, tilknyttet en traditionel, evangelisk menighed.

54

balance og være i stand til at flyve. Sandhed har to vinger.

A.W. Tozer (King, 2013)

Tozer benytter eksemplet med Jesu fristelse i ørkenen. Satan sagde, at Jesus skulle kaste sig ned fra templet, og citerede teksten fra Sl 91, at englene ville beskytte ham. Jesus svarede, "Der står også skrevet, du skal ikke sætte Herren din Gud på prøve." Tozer kommenterer: "Hele sandheden ligger ikke i, 'Der står skrevet,' men i, 'Der står skrevet,' og 'Der står også skrevet.'"

Så det er ikke en modsigelse. Disse paradokser er i virkelighed sandhedens to vinger, to sider af samme mønt. Vi ser det i ofte i Jesu undervisning: Vi skal miste vores liv for at frelse det; en såsæd skal dø, før den kan bære frugt, og så videre.

A.J. Gordon [14], en baptistforstander fra det 19. århundrede, citerede den engelske præst William Lincolns kommentar:

Den eneste vej for en troende, som vil vandre i ret tro, er at huske, at sandhed altid har to sider. Hvis der er en sandhed, Helligånden har givet dig i dit hjerte, og du ikke ønsker at presse denne sandhed til ekstremisme, så spørg ham, hvad mod-sandheden er, og støt dig også til den sandhed. Hvis du kun støtter dig til den ene side af sandheden, er der en fare for at presse den til kætteri. Kætteri betyder, at man selv udvælger

---

[14] A.J. Gordon grundlagde også Gordon College og det tilknyttede teologiske fakultet, Gordon-Conwell Seminary.

den sandhed, man vil præsentere; det betyder ikke, at det er vranglære: kætteri og vranglære er to meget forskellige ting. Kætteri er sandhed, men sandhed fremhævet i en sådan grad, at sandheden på den anden side bliver svigtet.

Paul L. King, 2013

E.M. Bounds, som var præst under den amerikanske borgerkrig, skrev, "Alle Guds planer har korsets tegn på sig, og alle hans planer har død til selvet i dem." A.W. Tozer skrev om det 20. århundrede, at "Vi ønsker ikke korset. Vi er mere interesserede i kronen." Dette gælder store dele af den evangelikale fløj af kirken, og især nogle af nutidens trosbevægelse, som kolporterer en sejrrig herlighedsteologi med fokus på at have tro til egen tro og at håndhæve vores rettigheder, privilegier og autoritet, idet vi er Guds børn. Klassiske trosprædikanter såsom A.B. Simpson og Andrew Murray har også fremhævet disse rettigheder, men der var en afgørende forskel: De underviste også om selvfornægtelse og korsets liv – korsteologi. Simpson skrev, "Meget af troslivet handler om at fornægte os selv – så enkelt er det."[15]

Sandhed er elliptisk

Konklusionen for mig er så, at sandheden er som en ellipse. Sandhed er elliptisk.

I vores naturvidenskabelige mentalitet, forstår vi nogle gange sandhed som noget, der enten er eller ikke er. Er det sandt eller falsk? Ja eller nej.

---

[15] Paul L. King, 2008.

En cirkel har ét fokuspunkt. Centrum. Men en ellipse har to fokuspunkter. I en ellipse, er der behov for begge punkter, hvis det skal give mening.

Sådan er det også med troen. For eksempel indeholder sandheden om sjælens frelse både nåde og tro. Hvis vi ønsker frelse, kan vi ikke have nåde uden tro eller tro uden nåde. Sådan er det også med korset (Gud skjult i lidelser) og herlighed (Guds sejr, som er tilgængelig for os.)

Disse sandheder står i relation til hinanden. Det er både og. Ikke enten eller. Relation.

Og så vender jeg tilbage til troen. Troen som relation. Hvad tror jeg "på"? Sandheder i relation til hinanden. Men hvad er min tro? Den er en relation. Mig og Gud i relation til hinanden.

Troen Alene

Martin Luther – som var ophavsmand til denne modsætning mellem korsteologi og herlighedsteologi – var også en "trosmand".

Det var ham, som satte fokus på frelsen ved nåden og troen alene. *Sola fide*, som betyder "Troen alene" fastslår, at gode gerninger ikke er en

57

metode til at opnå eller en forudsætning for frelse. Eller for opfyldelsen af Guds løfter. Guds løfter modtages kun på baggrund af vores tro, uden at vi skal gøre noget – uden behov for gode gerninger. Gode gerninger kan være bevis for, at man lever i tro, men det er ikke selve gerningerne, som bringer opfyldelsen af løfter. Troen alene.

Når han så bruger så meget tid på, at understrege, at troen er fundamentet, hvad er så Luthers definition på tro?

Her er et uddrag fra hans introduktion til Romerbrevet[16]:

> *Tro er en levende, frimodig tillid til Guds nåde, så overbevist om Guds gunst, at det ville risikere livet tusinde gange i tillid til den nåde. Sådan en tillid og kendskab til Guds nåde gør dig glad, fuld af fryd og frimodig i dit forhold til Gud og alt det skabte. Helligånden får det til at ske gennem tro. På grund af det, vil du frivilligt og gladeligt gøre godt mod alle, tjene alle, udholde alt muligt, elske og prise Gud, som har vist dig en sådan nåde.*

Luther medgiver, at tro betyder tillid. Men han tilføjer så meget mere! Om glæde, fryd, frimodighed som en del af troen. Herligt!

Flere Luther-citater om tro

---

[16] Et afsnit fra "An Introduction to St. Paul's Letter to the Romans," Luther's German Bible of 1522 af Martin Luther, 1483-154, Oversat til engelsk af Rev. Robert E. Smith

"Dette er sand tro, en levende tillid til Guds godhed."– Martin Luther

"Tro er, at vi tillader os selv at blive optaget af det, vi ikke kan se." — Martin Luther

"Hjertet flyder over med glæde, og hopper og danser i den fryd, det har fundet I Gud. I denne oplevelse er Helligånden aktiv, og har i dette øjeblik lært os glædens dybe hemmelighed. Du har lige så meget glæde og latter I livet, som du har tro til Gud." — Martin Luther

"Vi er frelst ved tro alene, men troen, som frelser står aldrig alene." — Martin Luther

"Jeg kender ikke vejen, Gud leder mig på, men jeg kender godt min vejleder." — Martin Luther

Til eftertanke

Prøv så at læse skriftstederne på s. 22 igen med Luthers definition som udgangspunkt. Hvilke tanker får du?

Kap. 8
De mennesker: Abel, Enok, Abraham, Sara

De mennesker, jeg har omtalt, døde alle i tro uden at se løftet blive opfyldt.

Hebr 11,13

Hov, hov, hov! Hvad stod der lige der? De mennesker døde alle i tro uden at se løftet blive opfyldt.

Prøv lige at smage på det et øjeblik.

De var og er troshelte ... og de så ikke løftet blive opfyldt. Man kan også dø i tro.

Disse ord var til stor trøst for mig, efter min søn døde af kræft, da han kun var 11 år gammel. Vi havde bedt og troet og satset på, at Gud ville helbrede ham. Vi var sikre på løftet. Men David gled væk fra os. Efter at vi i tre dage havde bedt om, at han måtte vende tilbage fra de døde, lå han stadigvæk livløs i sin seng. Det var tid til at bedemanden skulle hente ham. Og vi skulle planlægge en mindehøjtidelighed.

De mennesker, Apollos skriver om, døde alle i tro uden at se løftet blive opfyldt. Ligesom David, ligesom mig holdt de fast i løfterne, som ikke blev opfyldt på denne side af sløret mellem det, vi kender her på jorden, og det vi ved, der er bagved – evigheden.

Sammen med denne historie husker jeg historien om Bibelens David:

Da gik David i forbøn for barnet. Han nægtede at spise på grund af sorg, og selv om natten blev han liggende udstrakt på gulvet i bøn. Hans rådgivere forsøgte forgæves at få ham til at rejse sig og tage føde til sig. På den syvende dag døde drengen, men Davids tjenere turde ikke fortælle ham den sørgelige nyhed, for de tænkte, "Han var helt knust før! Hvis vi nu kommer og fortæller ham, at drengen er død, kunne han gå helt amok!"

Da David så dem stå og hviske sammen, gik sandheden op for ham.

"Er drengen død?" spurgte han.

"Ja, han er," svarede de.

Så rejste David sig op fra gulvet, gik i bad, gned sig med en vellugtende olie og tog rent tøj på. Derefter gik han ind i Herrens hus for at tilbede, hvorefter han vendte tilbage til paladset og bad om at få noget mad sat frem. Hans tjenere var forbløffede over hans reaktion.

"Forstår man nu det?" udbrød de. "Mens drengen endnu var i live, græd du og nægtede at spise, men så snart han er død, holder du op med at sørge og begynder at spise igen!"

David svarede: "Jeg fastede og græd, så længe drengen var i live, for jeg tænkte, at Herren måske ville vise mig nåde og lade ham leve. Men nu, hvor han er død, er der ingen grund til at

63

faste mere. Kan jeg måske bringe ham tilbage til livet? Jeg kan følge ham i døden, men han kan ikke komme tilbage til mig!"

2 Sam 12,16-23

Eller i den autoriserede version: "Jeg må følge efter ham, han kommer ikke tilbage til mig." Jeg kommer derop en dag, men han kommer ikke tilbage til mig. David var klar over, at han også kom hjem en dag. Hjem til det sted, hvor man ikke er fremmed. Dette er ikke mit hjem.

Nu har jeg set dig

En anden mand i Bibelen, som mistede sit barn – sine børn, faktisk – var Job. Gud pralede af Job over for Satan, og Satan udfordrede Gud til en duel. Ville Job fornægte Gud, hvis Gud lod Satan plage ham?

Historien udfolder sig dramatisk. Den ene ulykke efter den anden rammer Jobs familie og hans ejendom. Men Job siger: "Gud giver, og Gud tager." Satan vender tilbage til Gud og siger, at det er fordi han stadigvæk holder hånden over Job. Så får Satan lov til at slå Job på hans eget legeme. Job bliver syg.

Jobs venner kommer fra nær og fjern for at trøste ham. De sidder stille i flere dage, fyldt af sorg på Jobs vegne. Det er en skam, at de begynder at tale, for de plager Job med hvert ord. De siger til ham, at han må have gjort noget forkert – for Gud holder hånden over dem, som lever retfærdigt. "Du må have gjort noget forkert," siger de. "Omvend dig. Bekend dine synder. Gud er kun god, og han ville ikke tillade det her, hvis ikke du havde gjort noget forkert. Hvor er din tro? spørger de."

Men Job er sikker på, at han ikke har gjort noget forkert. Han spørger Gud. Han trygler Gud om et svar. Han skælder Gud ud. Men Gud svarer ikke. Job råber og skriger og skælder endnu mere ud.

Og så taler Gud. Han taler om, at han ved bedst. At han er verdens skaber og hærskarernes herre. Han går i detaljer med de store ting, han har gjort og skabt. Hvad ved et menneske? Hvordan kan du skælde ud, når du ikke forstår et dyt?

Og hvad svarer Job? Hvad er hans gensvar for denne irettesættelse? Det er faktisk utroligt.

Jeg ved, at du er almægtig,
at ingen har magt til at standse dig.
Du spurgte mig: ›Hvorfra kender du mine tanker,
når du knap nok ved, hvem jeg er?‹
Jeg indrømmer, at jeg har udtalt mig om ting,
som går over min forstand.
Du sagde også: ›Lad mig stille dig nogle spørgsmål,
så får vi se, om du kan svare på dem.‹
Det eneste svar, jeg kan give, er:
Før havde jeg kun hørt om dig,
nu har jeg set dig med egne øjne.

Job 42,2-5

Før havde jeg kun hørt om dig. Nu har jeg set dig med mine egne øjne.

Og så siger Gud, at Job skal bede for sine venner. Og de skal bringe et offer. Og Job bliver helbredt og genoprettet.

Hvorfor blev Job udsat for disse prøver? Fordi Gud ville vise Satan, at der var en mand, som ikke ville fornægte sin gud.

Hvad fik Job ud af det? Han fik lov til at møde Gud personligt. Og han blev genoprettet..

Herren velsignede den sidste del af Jobs liv langt mere, end han havde velsignet ham tidligere.

Job 42,12

Det uforgængelige

Derfor skal I glæde jer, selvom I måske for en kort tid må igennem lidelser, som gør jer bedrøvede. Det er jo sådan, jeres tro prøves og forædles, ligesom guld renses og forædles ved at blive smeltet i ilden. Når troen kommer styrket gennem prøven, er den meget mere værd end et stykke forgængeligt guld, og den vil bringe jer ære, pris og herlighed, når Jesus Kristus åbenbares i sin herlighed.

1 Pet 1,6-7

Når Peter skriver om den tro der er mere værd end det forgængelige guld tænker vi ofte på, hvor herligt det er at "eje" denne tro og glemmer næsten helt det faktum at Peter i de samme

66

sætninger skriver om at "bedrøves i mange slags prøvelser".

Der er altså noget bedrøveligt, som du og jeg skal igennem for, at vi kan få del i denne dyrebare tro.

En ting der er vigtig at gøre sig klart. Det er troen, som prøves, og ikke om du rent menneskeligt er i stand til at gå igennem en masse ydre påvirkninger og stadig stå med et smil på læben. Her tager vi ofte fejl og kæmper med at holde facaden i orden.

Troen, tilliden til Herren lutres og renses fra alt vores menneskelige selvstræberi igennem de " ... mange slags prøvelser", Herren tillader på vores vej. Troen renses fra at se på sig selv og sin egen formåen. Troen regner kun med Gud, ikke med sig selv.

Morten Kilsholm

Det vil Gud selv sørge for.

Hvad så

Hvad betyder det så for mig?

Det er svært at forstå, men der er en sandhed i, at bare fordi tingene ikke går, som vi mener, de skal gå – betyder det ikke, at vores tro fejler noget. Det betyder ikke, at Gud har forladt os. Det betyder ikke, at hans ord ikke er sandt. Det betyder ikke, at jeg har gjort noget forkert.

Jeg må bare stole på, at han har styr på det.

Herren siger: "Jeg tænker ikke, som I gør, og jeg handler ikke, som I gør. Der er himmelvid forskel på mine tanker og jeres, og på min handlemåde og jeres."

Es 55,8-9

Vi må ligesom Job erkende, at vi ikke kender hans tanker. Vi må forsøge på ikke at udtale os om ting, som går over vores forstand.

Og samtidigt med, at vi holder vores egen søgen efter mening og forståelse i skak, må vi erkende, at Gud er god, og han ved, hvad han laver. Vi må stole på ham.

Stol på Herren af hele dit hjerte, og støt dig ikke til din egen indsigt.

Ordsp 3,5 (DO 1992)

Jeg har ikke råd til at leve ved at give respons til mørket. Hvis jeg gør det, har mørket haft en rolle i at sætte dagsordenen for mit liv. Djævlen er ikke den indflydelse værdig, selv i det negative. Jesus levede i respons til Faderen. Jeg må lære at gøre det samme.

Bill Johnson

Til eftertanke

Har du før lagt mærke til dette vers om trosheltene? – at de alle døde i tro uden at se løftet blive opfyldt?

Lever du med et løfte, du endnu ikke har set opfyldt?

Kan du ligesom Job lægge dine indvendinger til side og erkende: "Før havde jeg kun hørt om dig, nu har jeg set dig med egne øjne"?

Kap. 9
Dette er ikke mit hjem

Men de skimtede det forud og hilste det velkommen, og de sagde det klart, at de var som udlændinge på midlertidigt ophold på denne jord. De, der taler sådan, viser, at de er på udkig efter et hjemland. Hvis de havde tænkt på det land, de oprindeligt kom fra, kunne de have vendt tilbage dertil. Men de længtes efter noget endnu bedre, nemlig det himmelske hjemland. Derfor skammer Gud sig ikke ved at blive kaldt deres Gud, og han har en evig stad parat til dem.

Hebr 11,14-16

Det her er ikke mit hjem

Vi kan alle opleve, at livet slår hårdt. Det går godt, det kører derudad. Og så pludselig – BANG! Noget sker, som vælter os omkuld. Det kan være en diagnose. En ulykke. Et menneske, som svigter dig. Og det føles så forkert. Uretfærdigt. Vi så det ikke komme. Vi forstår det ikke. Det er bare så forkert.

Det skete for Jesu disciple. Han havde forsøgt at advare dem, men de havde ikke fattet det. Den ene dag bliver de budt velkommen til Jerusalem. Et triumftog palmesøndag. Hele folket ærede Jesus og hans disciple. De viftede med palmeblade og priste Herren. Deres konge var kommet.

Og så pludselig. Jesus bliver forrådt. Soldaterne kommer. Disciplene prøver på at slå til med sværdene – og så irettesætter han dem. Næste dag råber folket, "KORSFÆST HAM! KORSFÆST HAM!"

Og Jesus døde.

Jesus skabte forsoning mellem Gud og folket ved sit eget blod, da han blev dræbt uden for byen.

Hebr 13,12

Jeg kan ikke forklare, hvordan det hænger sammen. Og det er mest meningsfuldt, når man taler om forfølgelser – at vi lider på grund af vores tro. At vi tager del i Jesu lidelse. Men et eller andet sted har det også betydning, når det ikke er på grund af forfølgelse, at man lider. Når man læser disse skriftsteder sammen med dem om trosheltene i Hebr 11.

Han trøster og styrker os i alle vores trængsler, så vi kan videregive hans trøst og styrke til andre, der har det svært. Det er jo sådan, at jo mere vi lider for Kristus, des mere giver han os af sin trøst og opmuntring.

2 Kor 1,4-5

Lad os derfor samles med ham uden for lejren, selvom vi bliver hånet for det. Der findes nemlig ikke noget sted i denne verden, som kan være vores blivende hjem. Vi ser i stedet frem til vores evige hjem i den himmelske verden.

Hebr 13,13-14

Lad os på grund af, hvad Jesus har gjort, altid bringe lovprisningsofre til Gud. Lad os prise og takke Gud med vores ord.

Hebr 13,15

Mit hjemland

Men de længtes efter noget endnu bedre, nemlig det himmelske hjemland. Derfor skammer Gud sig ikke ved at blive kaldt deres Gud, og han har en evig stad parat til dem.

Hebr 11,16

Han har en evig stad parat. Jeg længes efter noget endnu bedre. Når jeg ikke kan se, at løftet bliver opfyldt. Når jeg møder trængsler.

Er du klar over, hvilket evangelium, Jesus forkyndte, da han rejste rundt i Israel? Han forkyndte Guds rige, står der i Skriften. Det står i Matt 4,23; 9,35; Luk 8,1... Han forkyndte jo ikke sin død, men han forkyndte Guds rige. Og han sagde, at vi skulle fortælle, at "Guds rige er dig nær", da vi forkyndte dette gode budskab (Matt 10,7).

Evangeliet er, at der er et andet hjemland. Guds rige. Det er os nær. Men det er også noget, vi ser frem til.

De skimtede det forude og hilste det velkommen, og de sagde helt klart, at de var som udlændinge på midlertidigt ophold på denne jord. . . Men de længtes efter noget endnu bedre, nemlig det

himmelske hjemland. Derfor skammer Gud sig
ikke ved at blive kaldt deres Gud, og han har en
evig stad parat til dem.

Hebr 11,13 & 16

Dette er ikke mit hjem. Og det er derfor, at jeg kan prise ham, selv i trængslerne. Jeg forventer, at løfterne er til mig, og at jeg vil se dem opfyldt i dette liv. Men når jeg ikke ser det, stoler jeg på Herren, og på, at han har hånd om det hele. Og at det, han har lovet, findes i mit hjemland. Han lover mig så mange ting. Gud er god, og han har gode gaver til sine børn. Og dette er ikke mit hjem.

Sådan skal I bede

Det siges, at Guds løfter er til *allerede*i dette liv, men også *endnu ikke.*

Jesus lærte os at bede:

Bed derfor på følgende måde:

Far i Himlen.
Må du blive æret.
Må dit rige bryde igennem.
Må din vilje ske på jorden,
som den sker i Himlen.

Matt 6,9-10

Vores bøn må være: "Komme dit rige! Ske din vilje: Som i Himlen, således også på Jorden!"

Farmand! Lad os se lidt hjemmehygge her i dette fremmede land! Lad os se mere af vores hjemland her!

Men de skimtede det forud og hilste det velkommen, og de sagde det klart, at de var som udlændinge på midlertidigt ophold på denne jord.

Hebr 11,14

Så når lidelserne rammer – Når livet slår hårdt, løfter jeg blikket, og ser hen til den dag, jeg kommer hjem. Det, jeg ikke kan se. Det, som er lovet af Gud, som jeg kender og har et nært forhold til. Jeg skimter det forude og hilser det velkommen. Dette er bare midlertidigt.

Til eftertanke

Hvad betyder det for dig, at dette ikke er dit hjemland? Er det noget, du kan mærke i dit hjerte, eller er det noget, du skal arbejde med?

Når du mærker trængsler, hjælper det dig så, at tænke på, hvordan det er og bliver "derhjemme"?

Kap. 10
Behøver jeg at sige mere?

Behøver jeg at sige mere? Det ville tage for lang tid at fortælle om Gideon, Barak, Samson, Jefta, David, Samuel og Profeterne.

Hebr 11,32

... eller Jakob (v. 21), Josef (v. 22), Moses' forældre (v. 23), Moses (v. 24-27), Israelitterne (v. 29-30), og Rahab (v. 31)?

Faktisk kunne man tage hele Bibelen og nævne dem, som holdt fast i deres tillid til Gud, selv når det så sort ud. Og hvad lærer vi af dem alle? Det opsummerer Hebræerbrevets forfatter.

Ved deres tro besejrede de

Heltene i listen vandt over fjendtlige folkeslag (Hebr 11,32-35). De vandt slag på slag. Saul slog tusindvise af dem, og David slog titusindvis af dem. De så løfterne blive opfyldt. De lukkede løvers gab og overlevede brændende flammer. De vandt sejr for Herren. De blev de vidnesbyrd, som vi holder fast i og mindes, når vi er i vores egne kampe. De giver os håb for sejr endnu en gang.

Nogle mennesker blev dræbt

Ja, nogle blev dræbt og genoprejst fra de døde. Men andre blev tortureret til døde. De blev hårdt prøvet med hån og piskeslag, stenet, skåret midt over, henrettet med sværd, gik sultende rundt, klædt i gedeskind, forfulgte og mishandlede (Hebr 11,36-37). Det er ikke alle, som vinder sejr i denne verden.

Men de fik et godt vidnesbyrd for deres tro, selvom de ikke oplevede at se Guds løfte opfyldt. For Gud havde en større plan.

For Gud havde en større plan

Da vores lille David døde, søgte min mand og jeg trøst og rådgivning hos Anders Ova, tidligere pinsepræst, som også mistede en mindreårig søn til kræft. Et af de guldkorn, han gav os var, "I tror, Gud har svaret nej på jeres bønner. Men I har fået 'Ja', på et højere plan."

Måske handler det højere plan om, at Gud vil røre ved andre.

Han trøster og styrker os i alle vores trængsler, så vi kan videregive hans trøst og styrke til andre, der har det svært. Det er jo sådan, at jo mere vi lider for Kristus, des mere giver han os af sin trøst og opmuntring. Når vi bliver udsat for trængsler, kommer det faktisk jer til gode! Når vi er kommet styrket igennem lidelserne, kan vi nemlig opmuntre jer til at udholde tilsvarende lidelser. Vi har fuld tillid til, at I vil komme styrket igennem, for vi er overbeviste om, at når I står over for sådanne lidelser, vil I få den samme trøst og hjælp, som vi har fået.

2 Kor 1,4-7

Fordi vi oplever hans trøst, kan vi også trøste andre.

Men måske er den større plan, noget Gud har til min mand og mig. Ved en gudstjeneste, talte Anders Ova også om lidelser:

Hvis du ved, hvordan det er at blive sønderbrudt, kan du modtage åbenbaring. Åbenbaring må komme igennem sjælen til ånden. Hvis vores sjæl ikke er brudt, er ånden isoleret, som bag en kappe. Et slør.[17]

Lad da også os – udholdenhed i tro

Lad da også os med udholdenhed gennemføre det løb, som ligger foran os, inspireret af den mængde af troshelte, som allerede har fuldført løbet.

Hebr 12,1

Lige efter at tale om lidelser i det forrige kapitel, siger Apollos

Hold fast på jeres frimodighed, for med den har I udsigt til en stor belønning. I har brug for udholdenhed for at kunne gøre Guds vilje og få det, som Gud har lovet jer.

Hebr 10,35-36

---

[17] Gudstjeneste i Pinsekirken i Esbjerg d. 24. januar 2016.

Trosheltene inspirerer os til at blive ved i løbet. Jeg forestiller mig, at de hepper på mig. Det er et hårdt løb, og det gør til tider ondt. Men jeg trækker mig ikke tilbage. Jeg løber med frimodighed. Ligesom de gjorde. De blev ved med at se frem til det, Gud havde lovet. Selvom de ikke så det opfyldt i dette liv. For de havde noget andet for øje.

Lad os rette blikket fremad mod Jesus, som vores tro skal bygge på fra først til sidst. Ved at se frem til den glæde, der ventede ham, kunne han udholde skammen og døden på korset, og nu sidder han på tronen ved Guds højre hånd.

Hebr 12,2

De er ligesom på film. I dødskrisen, når personen er lige ved at falde nede fra klippen, eller når Julia Roberts er på vej op ad kirkegulvet. Og det afgørende øjeblik er over os. Holder de blikket på den elskede? Tør de stole på, at den anden holder fast?

Vi fæster vores blik på Jesus. Gennem alt. Det er ham. Vores elskede.

Vi tror ham. Vi har en relation til ham. Vi er ham tro.

Og det skaber noget i os.

Hold ud i modgangen, for derigennem styrkes I.

Hebr 12,7

Udholdenheden giver os karakterstyrke, og karakterstyrken giver os en stærk forventning om

80

at få del i Guds herlighed engang. Og vi bliver ikke skuffet i vores forventning, for Gud har givet os Helligånden og fyldt vores hjerter med sin kærlighed.

Rom 5,4-5

Vi bliver ikke skuffet i vores forventning.

Æren tilhører Jesus Kristus i al evighed

Apollos afslutter brevet med en lang række formaninger. Om at se fremad, om at give hinanden ære, om at være hellig. Om Guds opdragelse.

Da vi tilhører Guds rige, som står urokkeligt fast, så lad os tjene Gud med taknemmelighed og på en måde, der glæder ham, med ærefrygt og dyb respekt.

Hebr 12,28

Gud har jo sagt: 'Jeg vil aldrig svigte dig eller forlade dig.' Derfor kan vi med frimodighed sige: 'Herren er min hjælper, så jeg vil intet frygte. Hvad kan mennesker gøre mig?'

Hebr 13,5-6

Og til sidst, ønsker Apollos os det bedste, Gud har at give:

Jeg beder om, at fredens Gud, som oprejste Jesus fra de døde, vil udruste jer med alt, hvad I har brug for for at kunne gøre hans vilje, og at han ved Kristi kraft vil fremelske alt det i os alle, som glæder ham. Æren tilhører Jesus Kristus i al evighed. Amen.

Hebr 13,20-21

Til eftertanke

Det sidste kapitel handlede om lidelser og om, at det ikke altid lykkes os at se løfterne opfyldt. Men her minder Apollos os om, at der har været nogle voldsomme sejre undervejs. Brug lige et øjeblik på at mindes de sejre, du har oplevet.

Først og fremmest minder de sidste linjer i Hebræerbrevet os om, at livet er en krig. Der er sejre. Der er nederlag. Og det kræver udholdenhed. Det er vigtigt at huske denne bibelske verdensanskuelse. Når vi husker, at der er krig mellem det gode og det onde, giver vores egne lidelser mening på en anderledes måde. Oplever du tider i dit liv, hvor krigen er mere synlig? Hjælper det dig at holde ud, når du ser verden på denne måde?

Til sidst vil jeg foreslå, at du taler med Gud om det, du har oplevet og tænkt på, mens du læste dette hæfte. Drøft det med ham. Lyt til, hvad han vil sige til dig gennem Skriften, gennem mine overvejelser og gennem din egen livserfaring.

Og til sidst: Løft troens skjold!

Efterskrift: Davids vidnesbyrd

Da min søn døde, skrev jeg et brev som udtryk for det, jeg ville sige ved hans mindehøjtid. Her gengiver jeg brevet – jeg håber, det velsigner dig.

Kære alle.

Jeg har noget, jeg er nødt til at sige. De fraråder mig at sige noget til Davids mindehøjtidelighed, da man bliver så berørt. Det råd vil jeg gerne tage til mig, men jeg vil gerne sige noget. Jeg *må* sige noget, for der er nogle ting, som presser på mit hjerte, og jeg må altså få dem ud, hvor folk kan høre dem.

Der er nogen, som har fulgt David gennem det sidste års tid, som har sagt til mig, at de ønskede, de havde en tro som Davids. Det ville jeg også ønske, at jeg havde. Men jeg kender to kendsgerninger, som er afgørende. Det første er, at tro ikke er noget, du har i hovedet. Det er noget, du har i dit hjerte.

Den anden kendsgerning er, at tro ikke er noget, du selv kan tilegne dig. Det er noget, der vokser frem.

Så har jeg et par frø, jeg kan strø for jer, som kan hjælpe. Forhåbentlig kan de gro hos dig, i dit hjerte:

1. Gud elsker dig. Ja – dig. Du der. God loves you. Yes you. Ja, det er dig, jeg mener. Joh 3,16 siger: "For således elskede Gud verden, at han gav sin enbårne søn, for at enhver, som tror på ham, ikke skal fortabes, men have evigt liv. "
2. Der er det gode, og der er det onde. To kræfter i verden. Jesus er kun god og ønsker for dig ikke kun, at du skal leve evigt i Himlen, men at du også har et fantastisk liv her på jorden, inden du når derop. Men han har en fjende, som ønsker noget helt andet. Jesus sagde: "Tyven kommer kun for at stjæle, slagte og ødelægge, men jeg er kommet, for at de skal have liv, ja overflod af liv" (Joh 10,10).

Nogle få måneder før David gik bort fra denne verden, sagde han til personalet på sygehuset, at han ønskede at blive et vidnesbyrd, når han blev stor. Et vidne. Og mange af jer har sagt til os, at han var et vidnesbyrd for jer. Men hvad var det egentligt, David ønskede?

Det er svært at fastslå. Men han vidste, at der var historier om "vidner" i Biblen. Hebræerbrevets forfatter har en hel liste i sit brev. Han skriver om Enok, Noa, Abraham, Sara, Job, Moses og andre – om troshelte. Ligesom vores David har været det for mange af os. Paulus skrev: "De mennesker, jeg har omtalt, døde alle i tro uden at se løftet blive opfyldt. Men de skimtede det forude og hilste det velkommen, og de sagde helt klart, at de var som udlændinge på midlertidigt ophold på denne jord. De, der taler sådan, viser, at de er på udkig efter et hjemland. Hvis de havde tænkt på det land, de

88

oprindeligt kom fra, kunne de være vendt tilbage dertil. Men de længtes efter noget endnu bedre, nemlig det himmelske hjemland. Derfor skammer Gud sig ikke ved at blive kaldt deres Gud, og han har en evig stad parat til dem." Det står i Hebr 11.

Og videre læser vi i kapitel 12: Lad da også os med udholdenhed gennemføre det løb, som ligger foran os, inspireret af den mængde af troshelte, som allerede har fuldført løbet. Lad os kaste alt det bort, som tynger os, og synden, som så let griber fat i os og får os til at snuble. Lad os rette blikket fremad mod Jesus, som vores tro skal bygge på fra først til sidst. Ved at se frem til den glæde, der ventede ham, kunne han udholde skammen og døden på korset, og nu sidder han på tronen ved Guds højre hånd.

Jeg tror, det var Davids ønske. At ved at være et vidnesbyrd, et vidne over for dig, at han kunne opmuntre dig og udfordre dig til at se hen til Jesus.

Og så tror jeg, hvis vi kunne gå tilbage til for et par dage siden, så ville Davids hjerte banke som Paulus' hjerte, da han var i fængsel, og havde udsigt til en dødsdom, da han skrev til menigheden i Filipi:

Jeg glæder mig også over, at I beder for mig, for jeg er sikker på, at ved jeres bøn og ved den hjælp, Jesu Kristi Ånd giver mig, vil jeg komme sejrrig igennem denne prøvelse. Det er mit håb og min faste overbevisning, at jeg ikke på nogen måde skal komme til at svigte Kristus, men at han nu som altid må blive æret ved, at jeg frimodigt forkynder det budskab, han har givet mig. Hvad enten jeg skal dø i tjenesten for ham, eller jeg får lov at leve, vil jeg altid ære ham. Så længe jeg lever, lever jeg for Kristus. Og når jeg dør, bliver det endnu bedre. Men siden der er gode resultater af mit arbejde her på jorden, ved jeg snart ikke, hvad jeg helst vil. På en måde foretrækker jeg at dø og derefter være sammen med Kristus, for det ville være herligt. Men så længe der endnu er brug for mig på jorden, er jeg parat til at blive.

Fil 1,19-24

Er det sandt, at David har rørt ved dit hjerte? Hvis der er noget i din ånd, som blev rørt, og du længes efter det, David havde fat i, så vil jeg bede dig indtrængende om at tage dig sammen og sat tingene på plads med Gud. Lad din interesse og længsel blive til en dialog. Begynd at tale med Jesus. Det er det, David ønskede. Han ønskede at fortælle folk om Jesus. Om hvor vigtigt det var, at Jesus døde på korset, og hvor meget han elsker os. Gud ønsker at lære dig at elske, som David elskede – fordi han elsker dig. Han ønsker at give dig den fred, David kendte – fordi han elsker dig, og han er 100 % god. Og han ønsker at gøre dig modig, som David var, fordi han er 100 % god. Han elsker dig, og han ønsker, at du vil hjælpe ham i sejren over ondskaben i denne verden.

Det var det budskab, David ønskede at dele. Han ønskede at være et vidnesbyrd om Jesus og om Guds kærlighed til dig. Ja dig. Gud elsker dig.

Referencer

Bibelen, Det Danske Bibelselskab, København. (Den autoriserede version – DO 1992)

Biblelen på hverdagsdansk, Forlaget Scandinavia. 3. udgave, 2. oplag 2008.

Davide A. Biancilli: *Penance and Mortification,* 2010. http://www.religious-vocation.com/penance_and_mortification.html #.WAirHfmLSM8

Den Store Danske og Marie-Louise Hammer. http://www.denstoredanske.dk/Sprog,_religion _og_filosofi/Religion_og_mystik/Reformationen _og_lutherske_kirke/dialektisk_teologi

Bill Johnson og Heidi Baker. *Hosting the Presence: Unveiling Heaven's Agenda.* Shippensburg, PA: Destiny Image Publishers, 2012.

Morten Kilsholm: *Hvilens Vande Blogspot*, 2012: http://hvilens-vande.blogspot.dk/2012/05/andagt-det-prvede-tro.html

Paul L. King. Classic faith answers to contemporary issues and questions of faith and healing. I *Studia Historiae Ecclesiasticae*, December 2006.

Paul L. King. Only Believe: Examining the Origins and Development of Classic and Contemporary Word of Faith Theologies. Tulsa, OK: Word &

Spirit Press, 2008.

Paul L. King, *Truth has two wings*, 2013:
https://kingsroundtable.wordpress.com/2013/
11/13/truth-has-two-wings/

Anders Ova: Personlig samtale. 27. september
2015.

Anders Ova: Tale i Pinsekirken I Esbjerg. 14.
januar 2016.

John J. Parsens: *The Just shall Live by Faith,*
2016:
http://www.hebrew4christians.com/Meditation
s/By_Faith/by_faith.html

James Strong: *The New Strong's Exhaustive
Concordance of the Bible: With Main
Concordance, Appendix to the Main
Concordance, Hebrew and Aramaic Dictionary
of the Old Testament, Greek Dictionary of the
New Testament.* Nashville: Thomas Nelson,
1995.

Emilie Thorup, *De Unges Sangbog*, 1949.